Made in the USA
Las Vegas, NV
02 September 2021

29381634R10068